"on th
a queen was born"

Happy Birthday

To:

From: _____

Date : _____

happy Birthday TO YOU

Date : _____

Date : _____

Date : _____

Date : _____

Date : _____

Date : _____

Date : _____

Date : _____

Date : _____

Date : _____

Date : _____

Date : _____

Date : _____

Date : _____

Date : _____

Date : _____

Date : _____

Date : _____

Date : _____

Date : _____

Date : _____

Date : _____

Date : _____

Date : _____

Date : _____

Date : _____

Date : _____

Date : _____

Date : _____

Date : _____

Date : _____

Date : _____

Date : _____

Date : _____

Date : _____

Date : _____

Date : _____

Date : _____

Date : _____

Date : _____

Date : _____

Date : _____

Date : _____

Date : _____

Date : _____

Date : _____

Date : _____

Date : _____

Date : _____

Date : _____

Date : _____

Date : _____

Date : _____

Date : _____

Date : _____

Date : _____

Date : _____

Date : _____

happy
Birthday
TO YOU

Date : _____

Date : _____

Date : _____

Date : _____

Date : _____

Date : _____

Date : _____

Date : _____

Date : _____

Date : _____

Date : _____

Date : _____

Date : _____

Date : _____

Date :

Date : _____

Date : _____

Date : _____

Date : _____

Date : _____

Date : _____

Date : _____

Date : _____

Date : _____

Date : _____

Date : _____

Date : _____

Date : _____

Date : _____

Date : _____

Date : _____

Date : _____

Date : _____

Date : _____

Date : _____

Date : _____

Date : _____

Date : _____

Date : _____

Date : _____

Date : _____

Date : _____

Date : _____

Date : _____

Date : _____

Date : _____

Date : _____

Date : _____

Date : _____

Date : _____

Made in the USA
Monee, IL
02 March 2022